3 4028 06318 8719
HARRIS COUNTY PUBLIC LIBRARY

J Sp
Gaff,
Me pr
Sa
y
che
e
.99
3373
02/22/2007
D0860508
MAR
2007

Me Pregunto Por Qué

En el Sahara hace frío de noche

y otras preguntas sobre desiertos

Jackie Gaff

EVEREST

Título original: *I Wonder Why The Sahara is cold at night*
Diseñador de la colección: David West Children's Books
Autora: Jackie Gaff
Ilustraciones: James Field (SGA) 5br, 8-9b, 22, 25tr, 27tr, 30-31; Chris Forsey 10-11, 20, 21tl, 28-29; Mike Lacey (SGA) 4-5m, 9tr, 24m, 25b, 26; Mick Loakes 15bl; Steven Sweet 6-7, 24bl; David Wright 12-13, 14, 15tr, 15mr, 16-17, 18-19, 21tr; Peter Wilkes (SGA) todas las viñetas.

Dirección editorial: Raquel López Varela
Coordinación editorial: Ana Rodríguez Vega
Traducción: Alberto Jiménez Rioja
Maquetación: Eduardo García Ablanedo

www.everest.es
Atención al cliente: 902 123 400

ISBN: 84-241-0639-3 (Colección completa)
ISBN: 84-241-0651-2
Depósito Legal: LE. 645-2006
Printed in Spain - Impreso en España

EDITORIAL EVERGRÁFICAS, S. L.
Carretera León-La Coruña, km 5
León (España)

CONTENIDOS

¿Qué es un desierto?

Los desiertos son las zonas más secas del mundo, zonas donde casi nunca llueve. La mayoría recibe menos de 25 cm de lluvia al año (décima parte de la recibida por la selva tropical, zona más húmeda del mundo).

- Los desiertos no sólo son las zonas más secas del mundo. También son las más ventosas.

¿Hace calor en todos los desiertos?

En muchos desiertos del mundo hace suficiente calor durante el día para freír un huevo sobre una roca. Pero no todos son así. En algunos hace mucho calor en verano y un frío tremendo en invierno, mientras en otros hace frío todo el año.

- Si viajas a un desierto caluroso, no dejes de llevar un jersey. Aunque durante el día la temperatura puede sobrepasar los 40 ºC, por la noche suele bajar de los 0 ºC. ¡Brrrrrr!

• Cuando llueve en el desierto, lo hace a cántaros. Toda la lluvia anual de un desierto suele caer durante una enorme tormenta de dos o tres días.

• Incluso un desierto arenoso suele estar punteado por grandes rocas. Estos enormes peñascos proporcionan sombra durante las horas más calurosas del día, cuando la gente huye del calor abrasador del sol.

¿Son todos los desiertos arenosos?

No; algunos son pedregosos, y otros rocosos o incluso nevados. La Antártida, por ejemplo, es un desierto nevado donde no llueve y hay poco sol.

• Algunos desiertos presentan un enmarañado pavimento de placas de sal seca cuya superficie es tan dura como el hormigón.

¿Dónde está el mayor desierto del mundo?

• Cerca de la quinta parte del territorio mundial es desértico.

El mayor desierto del mundo es el Sahara, y está en el norte de África. Es mayor que Australia y casi tan grande como EE UU.

Claves del mapa

Desiertos más secos, donde casi nunca llueve

Desiertos con suficiente lluvia para que crezcan algunas plantas

Semidesiertos; tienen suficiente lluvia para mantener arbustos

AMÉRICA DEL NORTE

OCÉANO ATLÁNTICO

Gran Cuenca

Mojave

Sonora

Chihuahua

Ecuador

AMÉRICA DEL SUR

Sechura

Atacama

Patagonia

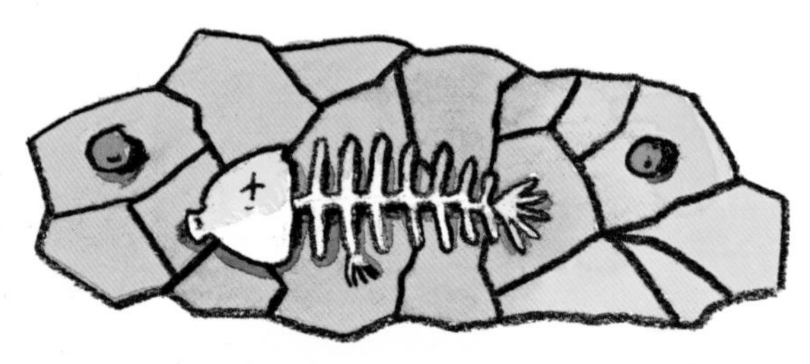

• A 86 m por debajo del nivel del mar, el desierto del Valle de la Muerte es el lugar más bajo de EE UU.

• El desierto de Atacama, en Sudamérica, es el lugar más seco del mundo. En algunas zonas de este desierto no ha llovido entre 1570 y 1971, ¡401 años!

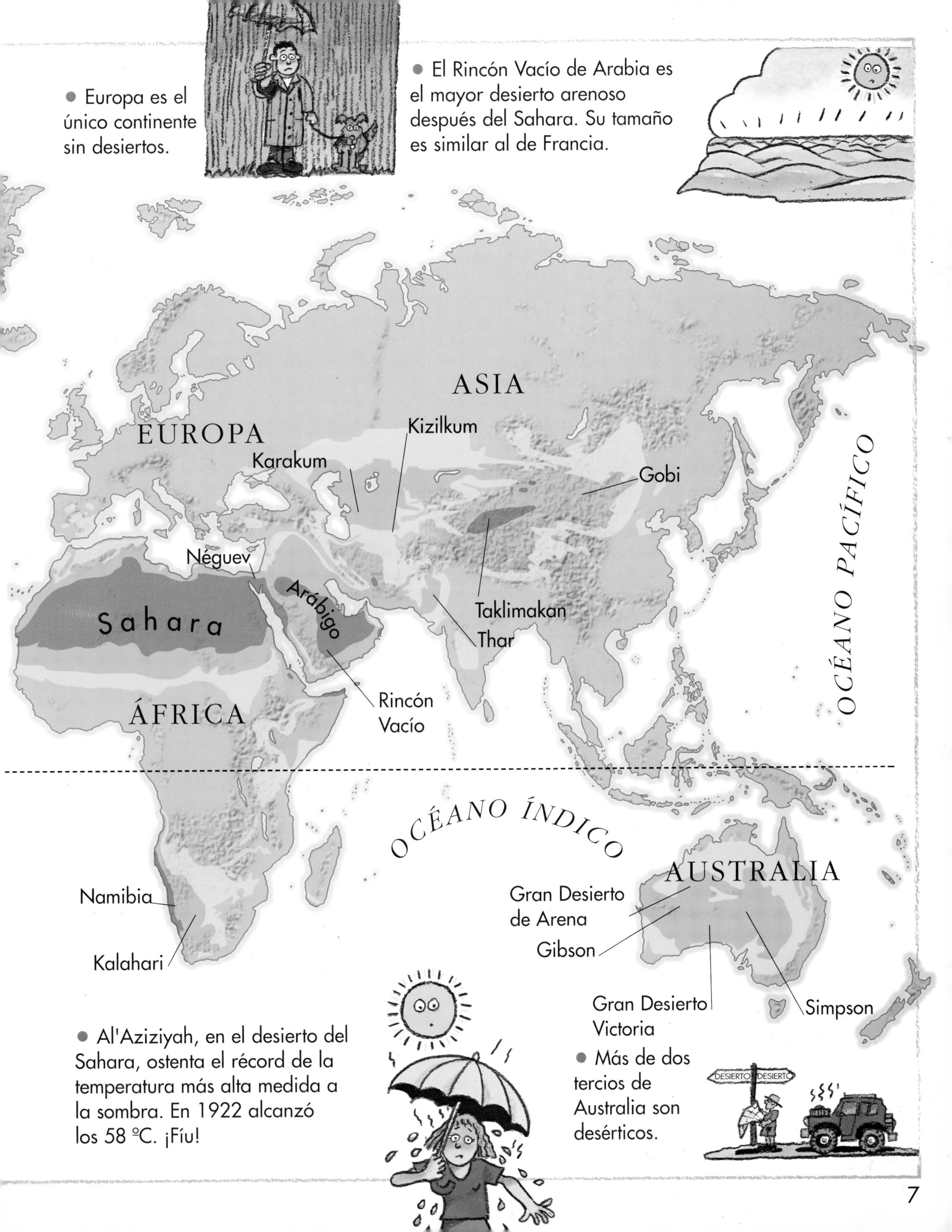

- Europa es el único continente sin desiertos.

- El Rincón Vacío de Arabia es el mayor desierto arenoso después del Sahara. Su tamaño es similar al de Francia.

- Al'Aziziyah, en el desierto del Sahara, ostenta el récord de la temperatura más alta medida a la sombra. En 1922 alcanzó los 58 ºC. ¡Fíu!

- Más de dos tercios de Australia son desérticos.

¿Por qué son arenosos los desiertos?

Los desiertos arenosos se forman sobre todo por el viento. Al recorrer el terreno, el viento golpea las rocas, desgastándolas. Lentamente, las rocas se fragmentan en piedras y guijarros que, con el paso del tiempo, se transforman en diminutos granos de arena.

- Los fuertes vientos del desierto provocan a veces enormes nubes de arena. Las ráfagas de arena tienen suficiente fuerza para arrancar la pintura de un coche.

¿Cuánto miden las dunas más altas?

Las dunas de arena adoptan muchas formas y tamaños, pudiendo asemejarse a la joroba de un camello o a escarpadas colinas. Las más altas miden unos 300 metros, ¡más del doble que la pirámide más alta de Egipto!

¿Dónde hay rocas con forma de champiñón?

¡En el desierto, por supuesto! El viento talla las rocas dándoles toda clase de formas asombrosas, y aúlla al pasar.

- Al amanecer y al anochecer, las rocas y la arena del Desierto Pintado de EE UU relucen con un arco iris de colores; desde los azules y violetas a los dorados, marrones y verdes.

- Mientras la arena de una duna se mueve y resbala, puede emitir extraños sonidos retumbantes o silbidos. ¡Qué miedo!

- Algunas dunas tienen forma de media luna…

- …y otras parecen estrellas.

- Las dunas con forma de S se llaman seif, palabra que en árabe significa espada.

¿Qué es un oasis?

Aunque en el desierto llueve poco, hay lugares en los que el agua sale a la superficie desde capas profundas del suelo. Si hay agua suficiente durante todo el año para que crezcan plantas, esos lugares se llaman oasis.

• Un qanat es un túnel subterráneo excavado por la gente para llevar agua al desierto.

¿Cuándo hay agua en un uadi?

Un uadi es un valle fluvial de un desierto, y la mayor parte del tiempo está sequísimo. Cuando hay una tormenta, sin embargo, el uadi se llena con rapidez, y durante algún tiempo se convierte en un estruendoso torrente de agua.

- Todos los años en el desértico pueblo australiano de Alice Springs, la gente corre por el lecho seco del río Todd cargando con ¡botes sin fondo!

¿Cómo engaña el sol del desierto a los viajeros?

Lo que más desea ver un sediento caminante en el desierto es agua. Pero a veces la brillante charca azul que se ve a lo lejos no es agua en absoluto; es sólo un reflejo del cielo. Estos engaños de la luz se llaman espejismos.

- El espejismo se debe a que la luz del sol se "dobla" al pasar por el aire caliente cercano al suelo. Esta "doblez" recibe el nombre científico de refracción.

¿Cómo sobreviven las plantas en el desierto?

Todos los seres vivos necesitan agua para sobrevivir, así que arreglárselas con la sequía del desierto es difícil para plantas y animales. Las plantas absorben agua por las raíces, y algunas plantas del desierto tienen raíces muy largas que se hunden profundamente en el suelo.

• Las raíces del árbol cují pueden introducirse hasta 30 metros en el suelo para absorber agua.

• Cuando las plantas del desierto consiguen agua, la reservan en su interior. Algunas la guardan en las hojas, y los cactus la almacenan en sus gruesos tallos.

¿Por qué son los cactus espinosos?

Las espinas de los cactus son como una valla de alambre de púas. Protegen a la planta y evitan que la mayoría de los animales la coman.

¿Cuándo florece el desierto?

Algunas plantas del desierto no se molestan en absoluto en crecer a menos que llueva. Cuando hay una tormenta, las semillas germinan, crecen y florecen en cuestión de semanas, convirtiendo el polvoriento desierto en una alfombra de flores.

- El cactus más alto es el gigantesco saguaro. Puede alcanzar hasta 12 metros. ¡Más que cuatro camellos superpuestos!

- La welwitschia del desierto de Namibia parece más muerta que viva. Pero no hay que dejarse engañar. Puede vivir más de 2 000 años.

- En lugar de espinas, algunos cactus tienen un camuflaje para esconderse de los animales. Los cactus piedra tienen aspecto de guijarros.

¿Cuánto puede estar un camello sin agua?

Los camellos son capaces de estar días sin beber agua; semanas si comen plantas jugosas. Cuando un camello bebe, puede tragar 100 litros en diez minutos.

• Hay dos clases de camellos. Los camellos árabes tienen una joroba y los camellos bactrianos de Asia tienen dos.

• Un camello puede pasar semanas sin comer porque su joroba es como una mochila: en ella almacena alimento en forma de grasa.

• Muchos lagartos del desierto almacenan grasa en sus colas.

¿Qué animales del desierto no beben nunca?

Los jerbos (derecha) y las ratas canguro no beben. Sacan toda el agua que necesitan de las semillas de las plantas y otros alimentos sólidos.

¿Pueden vivir sapos en el desierto?

• Las mañanas de niebla dan al escondidizo escarabajo del desierto de Namibia toda el agua que necesita. Cuando levanta el dorso, las gotas de agua le caen en la boca.

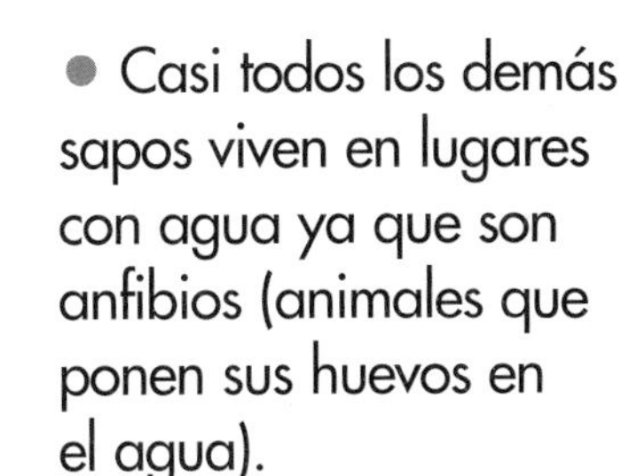

• Casi todos los demás sapos viven en lugares con agua ya que son anfibios (animales que ponen sus huevos en el agua).

Hay un tipo de sapo que combate la sequía gracias a su ingenio. Durante casi todo el año, el sapo de espuelas americano se mantiene fresco en una madriguera subterránea, y sólo sale para poner sus huevos en la estación lluviosa.

• El macho de la ganga es una botella de agua voladora. Cuando encuentra una charca, usa las esponjosas plumas del pecho como una esponja: las empapa con agua para llevársela a sus polluelos.

¿Cómo se refrescan los zorros del desierto?

Las grandes orejas del zorro hacen de radiadores, desprendiendo calor y bajando la temperatura corporal. También les sirven para escapar de enemigos como las hienas.

• La liebre de cola negra es otro animal del desierto que se refresca por medio de sus grandes orejas.

¿Qué animal tiene su propia sombrilla?

A diferencia de casi todos los demás animales pequeños del desierto, las ardillas de tierra pasan el día al sol. Se protegen del calor del mediodía con sus propias sombrillas: ¡sus colas!

• Muchas ardillas de tierra también usan las colas para avisarse unas a otras de la cercanía de un peligro.

• El topo dorado pasa gran parte de su vida excavando en la arena. Puede hacer un túnel de más de 4 km en una sola noche.

• Muchos animales del desierto tienen la piel de color claro, ya que refleja la luz solar y mitiga el calor.

• El mochuelo duende se protege de la luz del sol entrando en un agujero del cactus saguaro.

¿Por qué les gusta la oscuridad a los animales del desierto?

Cuando está oscuro hace mucho más fresco, así que muchos animales del desierto se protegen del calor diurno en refugios subterráneos. Salen para cazar al anochecer, de noche o al amanecer.

¿Cómo matan a sus presas las serpientes de cascabel?

La serpiente de cascabel ataca como un rayo. Abre mucho la boca, saca los colmillos y muerde, para inyectar un veneno mortal a través de ellos. Las presas pequeñas mueren en cuestión de segundos.

- Estas serpientes se llaman de cascabel por el ruido que emiten al sacudir el extremo de su cola.

¿Qué lagartos del desierto son venenosos?

En los desiertos viven cientos de lagartos, pero sólo dos son venenosos: el monstruo de Gila de EE UU y el lagarto ponzoñoso mexicano. No hay que preocuparse. Estos lagartos suelen usar su veneno para protegerse de los enemigos, no para atacar a sus presas.

¿Por qué tienen los escorpiones un aguijón en la cola?

• El lagarto chuckwalla se protege de sus enemigos escondiéndose en la grieta de una roca y llenando su cuerpo de aire. Es tan difícil de sacar como el corcho de una botella.

Los escorpiones inyectan veneno con la cola, pero sólo si están hasta la coronilla. Lo normal es que cacen y maten a sus presas con las pinzas. Los escorpiones tienen los ojos pequeños y no ven bien, así que rastrean a sus presas por medio del tacto y del olfato.

• Los escorpiones comen sobre todo insectos y arañas, pero los grandes pueden llegar a comer lagartos y ratones.

¿Cómo vive la gente en el desierto?

La supervivencia en el desierto depende de encontrar agua y comida. Algunos habitantes del desierto van continuamente de un lugar a otro, siguiendo fuentes conocidas de alimentos. Estos viajeros se llaman nómadas.

• Los san del desierto de Kalahari tienen tanta experiencia como buscadores de agua que pueden encontrar pequeñas bolsas de ella bajo la arena. La sacan con un junco y la almacenan en conchas de ostra.

¿Qué encuentran los nómadas para comer?

Ya hay pocos nómadas que cacen para alimentarse. En lugar de eso, la mayoría cuida de sus propios rebaños; así beben la leche de los animales o hacen queso con ella.

¿Quiénes comían hormigas?

Antiguamente, los aborígenes nómadas de los desiertos australianos vivían de la caza y la comida silvestre: desde canguros y lagartos a insectos y plantas. Las cosas dulces escaseaban, así que encontrar un nido de hormigas melíferas era todo un lujo.

- Cuando las lluvias hacen florecer al desierto, las hormigas melíferas se alimentan con el néctar de las flores. Algunas hormigas almacenan ese néctar en sus cuerpos, convirtiéndose en azucareros vivientes.

- Los tuaregs son pastores nómadas que viven en el desierto del Sahara. Su nombre significa la "gente del velo" (los hombres se tapan la cara casi por completo con sus turbantes similares a velos).

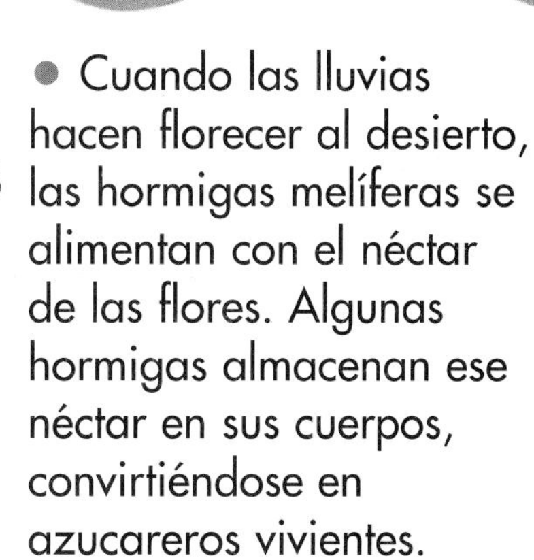

- Los nómadas no viajan todos los días; sólo cuando necesitan nuevos suministros de agua y comida.

¿Por qué construye casas de barro la gente del desierto?

El barro es un material de construcción estupendo. Las casas con paredes gruesas de barro se mantienen frescas cuando fuera hace calor y cálidas cuando hace frío. Y lo mejor de todo es que el barro es muy barato; sólo tienes que cavar.

• Las casas se pueden construir con capas de barro seco, o con ladrillos en los que se mezcla barro y paja o pelos de animal.

¿Hay pueblos en el desierto?

Por supuesto que sí. Aunque en el pasado miles de habitantes del desierto eran nómadas, hoy en día hay muy pocos; la mayoría vive alrededor de los oasis, en valles de ríos como el Nilo o en las fronteras del desierto.

¿Qué es una yurta?

Los viajeros necesitan casas portátiles, y las yurtas son las típicas tiendas circulares de los nómadas mongoles del desierto de Gobi.

Las hacen con postes de madera cubiertos de fieltro fabricado con lana de ovejas.

• Las tiendas de los nómadas beduinos de Oriente Medio se cubren con tejido de pelo de cabra.

¿Dónde pinta la gente con arena?

• En el desierto de Nazca de Sudamérica, hace más de 1 200 años, la gente grabó gigantescos dibujos de pájaros y otros animales en el suelo rocoso.

Los indios navajos crean bellas pinturas con arenas coloreadas para llevar a cabo ritos de curación y otras ceremonias tradicionales. Viven en el sureste del desierto de la Gran Cuenca, en EE UU.

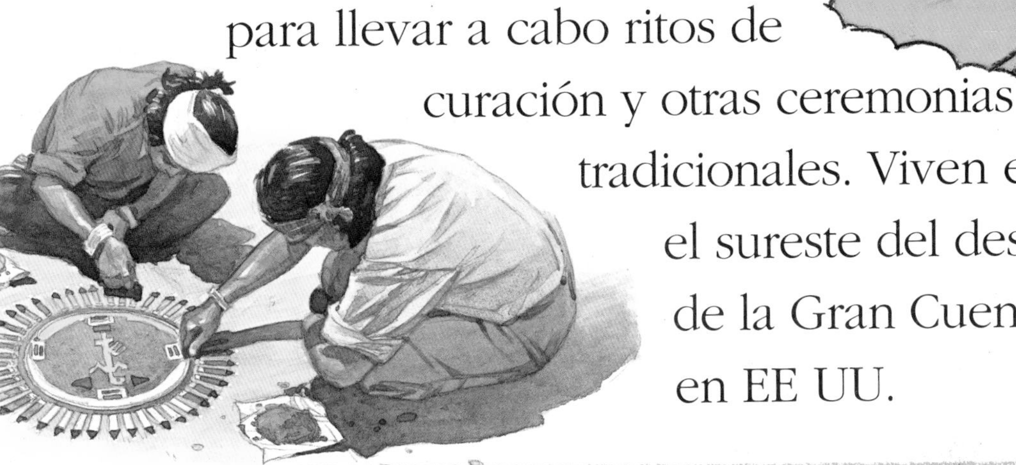

¿Por qué importaron camellos los exploradores australianos?

En febrero de 1861, Robert Burke y William Wills fueron los primeros colonos que recorrieron Australia de norte a sur. Querían camellos para llevar los víveres, porque debían atravesar los desiertos del centro del continente. Pero como en Australia no hay camellos, los exploradores tuvieron que importarlos de Afganistán.

Darwin

Burke y Wills murieron en el campamento de Cooper Creek

Melbourne

• Tristemente, Burke y Wills murieron de hambre en el viaje de vuelta desde el sur. Su compañero, John King, sobrevivió.

¿Quién sobrevoló el Sahara en ultraligero?

Lo hizo la exploradora británica Christina Dodwell en la década de 1980, durante su colosal vuelo de 11 000 km a través de África. Su diminuta máquina voladora se llamaba Pegaso, en honor al caballo alado de la antigua leyenda griega.

¿Qué explorador del desierto llevó agua en sus botas?

El sueco Sven Hedin estuvo a punto de morir de sed al cruzar el desierto asiático de Taklimakan en la década de 1890. Cuando al fin encontró agua, dos de sus compañeros habían muerto y el tercero había dejado de caminar horas antes. Hedin salvó al tercer hombre llevándole agua en sus botas.

• Cuando el monje chino Hsuan Tsang se adentró solo en el desierto de Gobi en el año 600, casi lo primero que hizo fue perder su odre de agua. Le salvó su caballo, que olió la hierba que crecía en torno a un abrevadero y le condujo hasta allí.

¿En qué desiertos hay carreras de coches?

En 1997, el británico Andy Green se convirtió en el hombre sobre ruedas más veloz del mundo, cuando su coche a reacción Thrust SSC alcanzó unos alucinantes 1 227,9 km/h. Batió el récord sobre la lisa superficie del desierto de Black Rock, en EE UU.

• Cada año, en enero, los pilotos se juegan la vida recorriendo el desierto del Sahara durante el rally París-Dakar. En 1983, 40 conductores tuvieron que ser rescatados después de perderse en una tremenda tormenta de arena.

• El robot espacial Sojourner fue probado en desiertos de EE UU antes de ser enviado a Marte, donde aterrizó en 1997.

¿Por qué se prueban los robots espaciales en el desierto?

Lo más parecido a Marte que puede encontrarse en la Tierra es un desierto. Y por ello un desierto es el lugar ideal para poner a punto un robot espacial.

¿Cuál es la carrera a pie más dura del mundo?

Tienes que estar hecho un toro para participar en la Maratón de las Arenas. Esta carrera a pie se celebra en el desierto del Sahara, y los corredores recorren unos 230 km en seis días; ¡más que en cinco maratones corrientes!

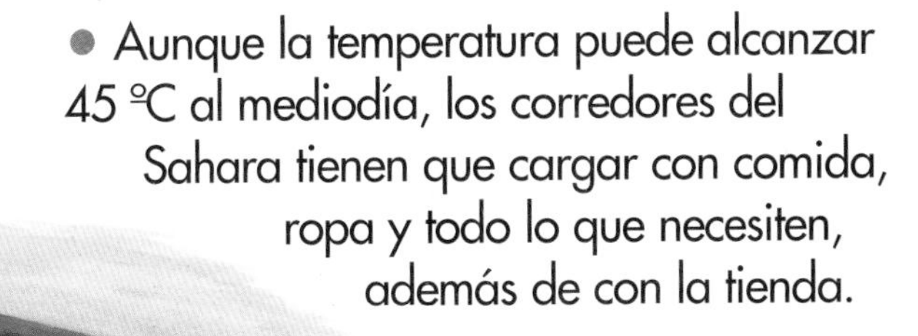

• Aunque la temperatura puede alcanzar 45 °C al mediodía, los corredores del Sahara tienen que cargar con comida, ropa y todo lo que necesiten, además de con la tienda.

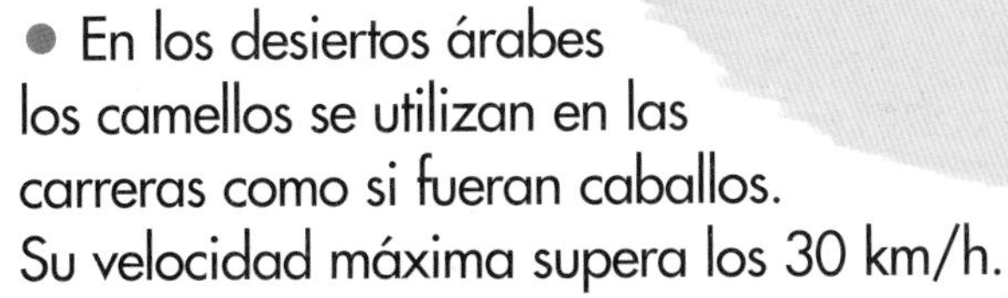

• En los desiertos árabes los camellos se utilizan en las carreras como si fueran caballos. Su velocidad máxima supera los 30 km/h.

¿Hay tesoros en el desierto?

Sí, en los desiertos se ha encontrado oro, plata y diamantes. Una de las mayores minas de diamantes del mundo está en el desierto de Kalahari.

¿Qué es el oro negro?

La gente suele llamar al petróleo "oro negro", porque es uno de los recursos naturales más valiosos del planeta. Las personas o los países que lo han encontrado en tierras de su propiedad se han hecho muy, muy ricos.

- En la antigüedad, la sal era tan valiosa como el oro, y había minas de sal en el desierto del Sahara.

- La mayor parte del petróleo mundial se extrae perforando el terreno a mucha profundidad en los desiertos árabes.

• Los tesoros no siempre relucen. En 1923, unos arqueólogos americanos fueron los primeros en descubrir huevos fosilizados de dinosaurio en el desierto de Gobi. Esos huevos se vendieron años después por miles de dólares.

¿Cómo pueden darnos los desiertos energía limpia?

Las centrales de energía solar son instalaciones donde el calor del sol se usa para generar energía. Contaminan mucho menos que las centrales eléctricas que queman petróleo o carbón, y los desiertos cálidos son el sitio ideal para construirlas.

• La central de energía solar más grande del mundo está en el desierto de Mojave, EE UU.

¿Ha crecido hierba alguna vez en el desierto del Sahara?

El clima cambia poco a poco. Hace miles de años el Sahara era mucho más húmedo, y tenía hierba que alimentaba a los animales. Lo sabemos porque hay fósiles y pinturas rupestres que demuestran que una vez hubo vacas, antílopes, jirafas y elefantes.

¿Qué transforma tierras verdes en desiertos?

Una de las causas principales es la sobreexplotación ganadera. Las raíces de las plantas ligan el suelo, evitando que el viento lo arrastre. Cuando la gente cría demasiado ganado en los límites del desierto, los animales comen las plantas, el suelo desaparece y la tierra se desertiza.

- Los desiertos también se extienden si el clima cambia y llueve mucho menos.

Las pinturas sobre roca también muestran gente nadando en antiguos ríos y lagos del Sahara, y animales como hipopótamos y cocodrilos.

¿Se pueden convertir los desiertos en vergeles?

Puede lograrse con enormes proyectos de regadío. En zonas del norte de África la arena está punteada con campos redondos. Estas áreas verdes se han creado con aspersores gigantescos.

- En algunas partes de Arabia, los restos del refinado de petróleo se rocían sobre las dunas. La embarrada mezcla gris contiene agua y permite crecer a las plantas.

Índice